Vente du Lundi 1er Juin 1891

A DEUX HEURES

Hôtel Drouot — Salle 6

DESSINS ORIGINAUX

DU

Courrier Français

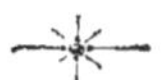

EXPOSITION PUBLIQUE

le Dimanche 31 Mai, de 2 à 6 heures

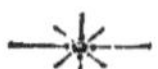

M. Georges DUCHESNE

COMMISSAIRE-PRISEUR

6, rue de Hanovre

S. MAYER

EXPERT

5, rue Laffitte

PARIS 1891

CATALOGUE

DES

DESSINS DU COURRIER FRANÇAIS

MIS EN VENTE

à l'Hôtel Drouot, Salle n₀ 6

Le Lundi 1ᵉʳ Juin 1891, à 2 heures

———※———

Abbema (Lˢᵉ).	Heidbrinck.	Pille (Henri).
Benedick Masson.	Lagrange.	Pissaro (Lⁿ.)
Choubrac.	Lampuré.	Quinsac (H.)
Chéret.	Lunel.	Rivière (Henri)
Cohl.	Lebègue.	Rœdel.
Deschamps (L.)	Lorin (Georg.)	Robida.
Dupérelle.	Legrand (Lˢ.)	Roy (José.)
Fau (Fernand.)	Lourdet (Lefʳᵉ.)	Steinlen.
Faverot.	Marie (Adrien).	Tiret-Bognet.
Forain.	Métivet (Lⁿ.)	Toulouse-Lautrec.
Galbet.	Mery.	Uzès.
Gerbault.	Mesplès.	Willette.
Gœneutte.	Meunier.	Wogel.
Grün.	Morel (Pierre).	Zier.
	Pagès.	

———

M. Georges DUCHESNE
COMMISSAIRE-PRISEUR
6, rue du Hanovre.

S. MAYER
EXPERT
5, rue Laffitte,

Exposition Publique le Dimanche 31 Mai
de 2 à 6 heures

---

*Tous les Dessins sont vendus avec interdiction formelle
de droit de reproduction.*

CONDITIONS DE LA VENTE

Elle sera faite au comptant.

Les acquéreurs paieront en sus des adjudications, cinq centimes par franc.

Les dessins sont vendus avec interdiction formelle de droit de reproduction.

DÉSIGNATION

DESSINS

ABBEMA (Louise)

1. Croquis.

Benedick MASSON

2. Croquis.

CHOUBRAC

3. L'Assiette au beurre.

CHÉRET (Jules)

4. Épreuve.
5. Épreuve.

COHL (Émile)

6. La Journée d'un réserviste.
7. Synthéthisons.

DESCHAMPS (Louis)

8. L'Adoration des bergers.

DUPÉRELLE

9. Le Printemps.

FAU (Fernand)

10. Léda et le Cygne.

FAVEROT

11. Les Cirques.
12. Vendanges nocturnes.

FORAIN (J.-L.)

13. Mlle Monnier, de l'Opéra.
14. Étude (pastel).
15. La Patrie étant en danger, Carnot vient offrir
    ses services à Napoléon : « M. Carnot je
    vous ai connu trop tard, lui répondit-il. »
    (*Grisaille*).
16. A l'Opéra. — Un habitué.
17. Quelle salope que Madame!
18. Deux millions de dot!
19. Ne pas tromper cet homme-là! — ce serait
    offenser le bon Dieu.
20. A l'Opéra — aquarelle.
21. Présentation — aquarelle.

GALBET

22. Au quartier latin.
23. Le jour de sortie du potache.
24. A Meudon, du temps de Murger.
25. Au quartier latin.

GERBAULT

26. Une étoile s. v. p.

GŒNEUTTE (NORBERT)

27. Crépuscule parisien.
28. La lettre du petit homme.
29. Croquis.

GRÜN

30. Le ruisseau.

HEIDBRINCK

31· Costumes mystiques pour le Bal du *Courrier Français*.
32. Louis Legrand à la recherche de l'actualité.
33. Pour les pauvres.
34. Au Soleil.
35. Croquis non signés.
36.   dº
37.   dº
38.   dº
39.   dº

LAGRANGE

40. Le nu aux Bains froids.

LAMPURÉ

41. L'Ouverture de la pêche.

LUNEL

42. Adoration.
43. Premières chaleurs.
44. Présentation.
45. Menu.
46. La nouvelle mode.
47. La chemise de soie noire.
48. Au bal masqué de l'Opéra.
49. La première soirée du *Courrier Français*.
50. Chaud les marrons!
51. Le jour des rois.

LEBÈGUE

52. M. Prudhomme n'aime pas le nu.

LORIN (Georges)

53. Le 14 juillet de Pierrot.
54. La chanson verte.
55. Mes funérailles.

LEGRAND (Louis)

56. La femme au corset.

57. Ne craignez rien, Julie !

58. Peinture romantique — peinture naturaliste.

59. Ballade pour faire peur du chat.

60. Pas de paroles, des actes, cette chambre-ci n'est pas l'autre (ce dessin n'a pas été publié).

61. En famille. — Dessin poursuivi et condamné.

62. Faneuse.

63. La plus belle fille du monde...

64. M. Carnot en voyage (ce dessin n'a pas paru).

65. En chasse.

66. Quand c'est pas les chiens, c'est les chats quelle scie, M. Lozé, (ce dessin n'a pas paru).

67. Vous dessiner dans ce costume, jamais, j'ai assez d'une condamnation pour outrage aux bonnes mœurs, allez voir Lunel.

68. Visite à Hippocrate.

69. Premiers fruits, derniers fruits.

70. Carnot l'inaugurateur.

71. Pâques.

72. Noel macabre.

73. Encore une neuvaine et il reviendra.

LEFEBVRE-LOURDET

74. Le Rouet

MARIE (ADRIEN)

75. Germinal.

MÉTIVET (LUCIEN)

76. Ronde rustique.
77. Flagrant délit.
78. C'est Phœbus qui ne s'est pas mis en grève.

MÉRY

79. Premiers nids.

MESPLES

80. Les bals masqués d'autrefois.

MEUNIER

81. Le Rifflard.

MOREL (PIERRE)

82. Sonnet du Gigot.
83. Sonnet de la Truffe.
84. Sonnet de l'Absinthe.
85. La Tentation de Saint-Antoine.
86. Loge des figurantes à la Porte-St-Martin.
87. Après le salon.
88. Sonnet de l'Absinthe.
89. Dans les coulisses.
90. La Cigale et la Fourmi.

PAGÈS

ROËDEL

106. Peinture, architecture, musique, sculpture moderne, une lettre chargée, etc.
107. Discussion interrompue.
108. La légende de la Goulue.
109. Vous ne ferez jamais rien, mon ami!
110. Un cours de peinture pour dames.

ROBIDA

111. Fantaisie.

ROY (José).

112. Dernières feuilles.
113. Les huîtres.
114. La jolie pâtissière.
115. Au Café Riche.

STEINLEN

116. Struggle for life.
117. Corps de ballet.

TANZI

118. Croquis.

TIRET-BOGNET

119. Le Bal des hystériques à la Salpétrière.
120. Les orateurs à Decazeville.
121. Biographie.

TOULOUSE-LAUTREC

122. Les vendanges.
123. Sortie du pressoir.
124. Gui-Cock-Tail.

UZÈS

125. Pranzini.
126. La femme-singe.
127. Le Directeur des Incohérents.
128. Retour de l'Enfant prodigue.
129. Le théâtre de Porquerolles.

WILLETTE

130. Ah ! n'insultez jamais une femme qui tombe.
131. La bouquetière, deux dessins. — Dessin d'invitation. Bébé.
132. Les Mésaventures de M. Poumonfort.
133. Les Pêcheurs fantaisistes.
134. Le Moulin de la Galette.
135. Les Gaîtés du carnaval (épreuve).
136. L'Angleterre dévorée par les rats (épreuve).
137. Divers croquis.
138. Pauvre Pierrot (épreuve).

WOGEL

139. T'as faim, travaille !

ZIER

149. Les Parques, dessin condamné.